David Liebelt

Hayden White - Geschichte als Erzählung

David Liebelt

Hayden White - Geschichte als Erzählung

GRIN Verlag

Bibliografische Information der Deutschen Nationalbibliothek: Die Deutsche Bibliothek
verzeichnet diese Publikation in der Deutschen Nationalbibliografie; detaillierte bibliografische Daten sind im Internet über http://dnb.d-nb.de/ abrufbar.

1. Auflage 2007
Copyright © 2007 GRIN Verlag
http://www.grin.com/
Druck und Bindung: Books on Demand GmbH, Norderstedt Germany
ISBN 978-3-638-95662-8

PS Paul Ricoeurs hermeneutische Theorie der Geschichte

Universität Freiburg

SS2007

Hayden White

Geschichte als Erzählung

David Liebelt

Inhaltsverzeichnis

I. Einleitung

Hayden White, 1928 geboren, ist emeritierter Professor der Vergleichenden Literatur an der Stanford University und gehört zu den gegenwärtig einflussreichsten Theoretikern der Geschichtsschreibung. White war als Gastprofessor an verschiedenen Universitäten in den USA, Italien und Polen tätig und ist gewähltes Mitglied der American Philosophical Society und der American Academy of Arts and Sciences. Seine Spezialgebiete sind die moderne europäische Kulturgeschichte, Philosophie der Geschichte, Literaturtheorie und Sozialtheorie. Sein besonderes Interesse gilt der Inszenierung von Geschichte in außerwissenschaftlichen Genres, wie in der Belletristik, in philosophischen und religiösen Texten und im Spielfilm, wobei er kritisiert, dass die Historiker es bisher nicht geschafft hätten, die Medien innovativ für die Präsentation von Geschichte einzusetzen. Dies sei aber im fortgeschrittenen Medienzeitalter mehr als erforderlich, da gerade die klassische Postmoderne sich dafür prädestiniere selbstreflektive, zugängliche, fragmentarische und provisorische Geschichtsbilder zu produzieren.

Um den Forschungsansatz von Hayden White nachzuvollziehen, sollen mannigfaltige Quellen des Autors konsultiert werden. So also nicht nur der in der „Fiktion des Faktischen"[1] enthaltene Aufsatz „Der historische Text als literarisches Kunstwerk", sondern auch „Metahistory"[2] sowie die kürzlich publizierte Aufsatzsammlung „Figural Realism: Studies in the Mimesis Effect"[3], die nochmals und nachdrücklich zeigt, wie sehr White die Frage nach ‚der Geschichte' im Medienzeitalter umhertreibt: *„Anhand sehr unterschiedlicher Beispiele umkreist er hier wiederum das ‚modernistische Ereignis' und die Möglichkeiten einer spezifisch ‚modernen' Geschichtsdarstellung: vom verstörenden ‚mix-matching of fiction and faction' in Oliver Stones Kennedy-Film ‚JFK' über die weltweit zu sehende Live-Sendung der Explosion der Raumfähre Challenger als neuartige historische Quelle bis hin zur Schwierigkeit, den Holocaust zu repräsentieren."*[4]

---

[1] Vgl. White, H.: Auch Klio dichtet oder die Fiktion des Faktischen. Studien zur Tropologie des historischen Diskurses. Stuttgart 1991.
[2] Vgl. White, H.: Metahistory : Die historische Einbildungskraft im 19. Jahrhundert in Europa. Frankfurt am Main 1991.
[3] Vgl. White, H.: Figural Realism. Studies in the Mimesis Effect. Baltimore 1999.
[4] Siehe Huber, J.: Geschichte als Literatur. In: heureka! 3/99 S. 34-36. S.34.

II. ‚Vormoderne' Geschichtsschreibung

Die Historiographie hatte sich, seitdem sie im späten 18. Jahrhundert zur Wissenschaft wurde, stets gedrängt gefühlt, die geschichtliche Erzählung als reine fiktionale Konstruktion gering zu schätzen.[5] Dies kam durch die rigorose Trennung zwischen sich professionalisierender - und das heißt: sich nicht mehr 'ästhetisch', sondern quellenempirisch gebender - Geschichtswissenschaft und dem Literatursystem. So haben die modernen Geschichtstheorien vieles unkritisch vom klassischen Historismus übernommen, so z.b. die Annahme, dass zentrale Institutionen wie Nation und Ökonomie die Wirbelsäule der Geschichte bilden und, dass die Geschichtswissenschaft sich an ihnen orientieren könne; es gehörte dazu auch die damit verlinkte Annahme, dass diese Institutionen sich einem kohärenten Geschichtsverlauf beiordnen lassen, der gradlinig zur westlich-modernen Welt hinführe. Als nun die Geschichtsschreiber nach dem 1. Weltkrieg nicht fähig waren, Auskünfte über die Fragen nach dem ‚Warum' zu geben, als sie keine Apologie auffinden konnten, warum sie die Gesellschaft nicht eher über den bevorstehenden Weltbrand gemahnt hatten, verlor die Geschichtsvorstellung ihre positivistische Konnotation: Joycens Stephen Dedalus referierte eine populäre Überzeugung, als er die Geschichte als einen Alpdruck bezeichnete, aus dem der abendländische Mensch erwachen müsse, wenn die Menschheit gerettet werden und ihr gedient sein solle.[6] Die Frage war nun also nicht mehr: „(...) wie die Vergangenheit erforscht werden sollte, als vielmehr, ob sie überhaupt Gegenstand des Studiums sein sollte."[7] Und wenn doch – wem sollte sie zugeordnet werden: Der Kunst oder der Wissenschaft? Seitens der Wissenschaft wurde ihr ein methodischer Metzgergang vorgehalten, von Seiten der Kunst dagegen ein Manko an Sensibilität. In dieser fundamentalen Identitätskrise wies White darauf hin: „(...), dass es die aufgegebene Last des heutigen Historikers ist, die Würde des historischen Studiums auf einer Grundlage wiederherzustellen, die es in Übereinstimmung bringt mit den Zielen und Intentionen der intellektuellen Gesellschaft insgesamt, d.h. die Geschichtswissenschaft so zu transformieren, dass es dem Historiker möglich wird, ausdrücklich an der Befreiung der Gegenwart von der Last der Geschichte mitzuwirken."[8]

---

[5] Siehe ebda. S.34: „So wie heute Hollywood Geschichtsbilder prägt, tat das im 19. Jahrhundert der historische Roman - ‚Waverly' von Sir Walter Scott war damals ein Bestseller in ganz Europa. Aber die Historiker, allen voran Leopold Ranke, der Patron der deutschen Geschichtsschreibung, waren besorgt über die Vermischung von Faktum und Fiktion."
[6] Siehe White: „Auch Klio dichtet oder die Fiktion des Faktischen". S.40.
[7] Siehe ebda. S.48.
[8] Siehe ebda. S.51.

III. Frye und Collingwood

Das Hauptproblem der geschichtswissenschaftlichen Methode ist immer, dass jede Geschichte ein Element der Interpretation besitzt, zum einen, weil der Historiker ja grundsätzlich zwischen Daten auswählen muss (Selektion) und zum Anderen, weil er zwischen den Quellen Lücken schließen muss (Konstruktion), um verständlich zu bleiben – und Selektion wie Konstruktion sind immer auch subjektiv.

Inwiefern können Geschichtsdarstellungen also ‚wissenschaftlich' sein?

Eine Antwort darauf zu geben ist nahezu unmöglich, denn eine Person, die sich in diesem Genre auskennt, also selber forscht, wäre nicht objektiv, dagegen besäße eine Person, die nicht auf diesem Gebiet forscht, eventuell nicht ausreichend Hintergrundwissen.[9] Zu diesem Zweck wurde die Metahistorie entwickelt; um also hinter die Voraussetzungen zu kommen, die die Grundlagen dieser Forschungsdisziplin sind – wobei es folgendes zu ergründen ist: [10]

1. die Struktur eines spezifischen Bewusstseins

2. der erkenntnistheoretische Status historischer Erklärungen

3. die Formen historischer Darstellung

Besonders interessant ist die Frage nach der adäquaten historischen Darstellung - was sind ihre Grundlagen und wie wichtig sind sie für ein gesichertes Wissen der Realität besonders im Bezug zu den Humanwissenschaften; d.h. ist eine historische Erzählung ein sprachliches Kunstwerk oder ein wissenschaftlicher Beitrag. Behauptet man, eine historische Erzählung beinhalte grundsätzlich auch ein ‚mythisches' Element, so stößt man auf Seiten der Puristen unter den Historikern, wie auch auf Seiten der Literaturtheoretiker auf Widerstand, beide nämlich plädieren für eine klare Teilung von Fiktion und Geschichte.

Zur Verdeutlichung dieser Diskussion zitiert White Northrop Frye, der sagt, der Historiker verfahre induktiv, indem er seine Fakten sammle und versuche, keine anderen formbestimmenden Schemata zu verwenden, als diejenigen, „(...) *die er in den Fakten selbst sieht oder ehrlich überzeugt ist, in ihnen zu sehen.*"[11] Er gehe, fährt Frye fort, nicht von einer einigenden Form aus, wie der Dichter, sondern arbeite darauf hin.

---

[9] Vgl. ebda: S.101.
[10] Vgl. ebda.
[11] Siehe ebda. S.102.

Hieraus folge, dass der Historiker, wie jeder, der diskursive Prosa schreibe, an der Tatsächlichkeit dessen, was er sagt oder der Adäquatheit seiner sprachlichen Wiedergabe zu messen sei.[7] Diese Haltung findet sich schon bei den Griechen als das Musterbild der Geschichtsschreibung, jedoch setzt sie zugleich den rigiden Gegensatz von Mythos und Geschichte voraus.[12] Frye sagt, man erkenne Fiktion an ihrer ,Plotstruktur‘[13], die dem Fundus der jüdisch-christlich religiösen Literatur entstamme. Nach dieser Theorie kann man nun jede Story theoretisch verstehen, wenn man denn zuvor den archetypischen Mythos, also die ,Plotstruktur‘ herausgefunden hat, was demnach heißt: Alle Geschichten bauen auf den gleichen Mechanismen und Phantasien auf. Je mehr sich also eine Story von ihrem fiktionalen Aspekt entfernt und sich in Richtung der konkreten Abfassung des Themas bewegt, desto mehr wird sie diskursive Literatur. Geschichte, die ein fiktionales Moment oder eine mythische ,Plotstruktur‘ enthält, ist für Northrop Frye demnach ein ,,(...) Bastard zwischen Fiktion und Geschichte und somit unheilig".[14] Ganz anders als Frye beurteilt Collingwood die Diskussion, denn er führt aus, dass jeder Historiker gleichzeitig auch immer Geschichtenerzähler sei, der aus einer undefinierten Verdichtung an Fakten, welche so für sich keinen Sinn ergäben, eine Geschichte schreibt. Dank seiner konstruktiv-kreativen Imagination könne er aber nach sorgfältiger Analyse der Quellen sagen, wie es gewesen sei. Collingwood sagt aber auch, dass der Plot von vorne herein in der Quelle stecke und die Fähigkeit des Historikers, diese Story zu finden, im Nachhinein über die Geschichte und ihren Duktus entscheide.

Zu Frye bemerkt nun White, dass sich ein Leserverständnis erst erreichen lasse, nachdem der Historiker aus bloßen Chroniken, dadurch dass er ihnen eine ,Plotstruktur‘ verleiht, eine Geschichte macht. Dieses Verfahren bezeichnet er als ,Emplotment‘.[15]

Zu Collingwood bemerkt White, dass wahllos und zufällig tradierte Ereignisse per se nie für sich selbst eine Geschichte offenbaren könnten. Sie können dem Historiker allenfalls die Materien einer Geschichte vorstellen. Diese müssten dann aber durch Ausklammern und Unterordnen bestimmter Ereignisse, durch Deskription, motivische Wiederholung, Dynamik und Modulation in Ton und Perspektive zu einer Geschichte gemacht werden.[16]

---

[12] Vgl. ebda. S.103.
[13] Vgl. besonders S.108.
[14] Siehe auch: White, H.; ,Der historische Text als Literarisches Kunstwerk‘. In: Geschichte schreiben in der Postmoderne. Stuttgart 1994. S.127.
[15] Vgl. ebda.. S.103.
[16] Vgl. ebda. S.104.

6

IV. 'narrative turn'

Hat der Leser erst die ‚Plotstruktur‘ verstanden, meint er auch die Geschichte verstanden zu haben – nicht also die Faktenmenge ist ausschlaggebend, sondern ihre Ausrichtung auf einen verstehbaren Prozess hin; dazu freilich muss der Autor eine figurative Sprache gebrauchen und keine terminologische, denn die terminologische macht nur dem etwas klar, der sie versteht: „*Und das heißt, dass historische Erzählungen rein als sprachliche Kunstwerke betrachtet durch die Form ihres figurativen Diskurses, in dem sie gestaltet sind, gekennzeichnet werden können.*"[17] Laut White stimmt daher die erzählerische Form eines geschichtswissenschaftlichen Textes bis heute mit der des realistischen Romans des 19. Jahrhunderts überein. Insgesamt ist es aber auch geboten, die Öffnung der Geschichtstheorie für postmoderne Konzepte, wie sie sich in den Texten von Hayden White und seinen Schülern (z.B. Hans Kellner und F. R. Ankersmit) darstellt, mit der Losung 'narrative turn' zu benennen. Diese nämlich trifft jenen Ausschnitt des geschichtstheoretischen Fokus auf die sprachtheoretischen Entwürfe der ‚Critical Theory‘ weitaus akkurater als der ziemlich universelle Begriff des 'linguistic turn‘. Die Devise 'Narrativik' ist außerdem das Schlagwort, mit dem die geschichtstheoretischen Autoren in der Regel selbst ihre Erkenntnisinteressen belegen, so fungiert es nicht nur als bekannter Ausdruck in vielen Titulaturen diesbezüglicher Aufsätze von White[18] sondern auch in F. R. Ankersmits prominenter Studie „Narrative Logic. A Semantic Analysis of the Historian's Language".

Die im Diskurs der ‚Critical Theory‘ jedoch allenthalben bekräftigten Unschlüssigkeiten bezüglich der Heteroreferentialität der Sprache, an der Handhabe mit Hilfe von Sprache auf die exlinguale Wirklichkeit zu relegieren, finden sich bei White nicht. So bekräftigt er in "The Fictions of Factual Representation" nachdrücklich: "*(...) that historical events differ from fictional events [...]. Historians are concerned with events which can be assigned to specific time-space locations, events which are (or were) in principle observable or perceivable [...]. The nature of the kinds of events with which historians and imaginative writers are concerned is not the issue.*"[19]

---

[17] Siehe ebda. S.147.

[18] Um nur einige zu nennen: In Hayden Whites „The Content of the Form. Narrative Discourse and Historical Representation "(1987) finden sich die Titel "The Value of Narrativity in the Representation of Reality", "The Question of Narrative in Contemporary Historical Theory", "Getting Out of History. Jameson's Redemption of Narrative" und "The Metaphysics of Narrativity. Time and Symbol in Ricoeur's Philosophy of History".

[19] Siehe White, H.: Metahistory. F/ M. 1994. S. 21.

7

V. Metahistory

Bekannt wurde Hayden White vor allem durch sein 1973 publiziertes Hauptwerk „Metahistory - The Historical Imagination in Nineteenth Century Europe"[20], dessen avantgardistische Auswirkung sich in emphatischer Zustimmung und ebenso energischer Ablehnung ausdrückte, da es Möglichkeiten und Formen unseres Verhältnisses zur Geschichte illuminiert und aufgrund dieser Analyse allen Anspruch der Geschichtsforschung auf Wahrheitsfähigkeit und Wissenschaft leugnet. Sein formalistischer Ansatz wurde in der deutschen Historikerzunft eher ablehnend aufgenommen und ist vielfach missverstanden worden, denn die geschichtstheoretische Basisprämisse, dass die narrativ zu kombinierenden Elemente des historiographischen Textes quellenkritisch ermittelte Tatsachen sind, und dass über den Text hinaus auf eine außersprachliche Wirklichkeit verwiesen werden kann, greift White – wie auf vorheriger Seite dargestellt – nicht an.

Vielmehr geht es ihm um ein Vermittlungssystem zwischen Bewusstseinselementen, die Realitätspartikel enthalten, wobei sich White besonders auf die Konzepte der strukturalistischen Erzähltheorie stützt und dabei freudig Jakobson und Lévi-Strauss zitiert– wobei es diesen beiden aber bekanntlich zuallererst um Vertextungsmuster und narrative Strukturen ging. Reflexionen zur Referentialität des Erkenntnismediums ‚Sprache' lässt White bei seinen geschichtstheoretischen Überlegungen durchweg außen vor, und eine Rezeption in diesem Zusammenhang eigentlich unerlässlicher Derridascher Thesen findet in ‚Metahistory' erst gar nicht statt, dermalen interessiert sich White für die sprachlichen Baupläne, also die Erkenntnis- und Darstellungsmodi, letztlich aber nicht im weiteren Sinne für das Erkenntnis- und Darstellungsmedium ‚Sprache' in all seinen Aspekten, zu denen nicht zuletzt auch die Frage nach der völlig übergangenen Referentialität gehört.

Wie erwähnt kennt die Whites Popularität in der Historikerzunft Grenzen, was daran liegt, dass er der Geschichtswissenschaft den Status einer Wissenschaft absprach, die Geschichtsschreibung mit der (schönen) Literatur gleichsetzte, da sie sich narrativer Handlungsstrukturen und tropologischer Strategien bediene und in den Augen seiner Kritiker damit den historischen Referenten, also die ‚objektive Realität' des Imperfekts abstritt.[21]

[20] Vgl. White, H.: Metahistory. F/ M. 1994.
[21] Vgl. White, H.: Tropics of Discourse: Essays in Cultural Criticism. Baltimore 1978. S. 121.

Hier liegt auch sein Verdienst, denn erstmalig wurde die Geschichtsschreibung in erschöpfender Weise mit Kategorien der Literaturtheorie analysiert. Letztlich kann White somit als Anstoßgeber der Debatte um poststrukturalistische Ansätze in der Geschichtswissenschaft gelten.[22]

Seine geschichts-poetologische Theorie, die er in ‚Metahistory' ausgearbeitet hat, besagt nun, dass jegliche Darstellungen von historischen Zusammenhängen poetologischen Kategorialbegriffen unterliegen – ein Umstand, der immer wieder dazu führt, dass White Schematismus vorgeworfen wird.[23] Geschichtswerke sind demnach keine mimetischen Abbildungen der vergangenen Realität, da die einzelnen historischen Ereignisse nicht faktisch nach einer wie auch immer gearteten Logik abrollten, sondern diese sind per se kontingent und chaotisch und allein mittels narrativer Strukturen – hier ist die Literarizität geschichtlicher Beschreibungsmodelle gefragt – kann der Geschichtsschreiber sie in ein kausales oder symbolisches, teleologisches oder zyklisches Gesamtkonzept bringen und somit den Eindruck erwecken, der Weltenlauf erfolge nach einem sinnvollen universalen und transhistorischen System.

Hierbei differenziert White bekanntermaßen vier archetypische Handlungsstrukturen: die Romanze, die Tragödie, die Komödie und die Satire.[24] Der Bewusstseinsstand, mit dem der einzelne Historiker den per se kontingenten vergangenen Ereignissen entgegentritt und der letztlich darüber entscheidet, in welchen Sinnzusammenhang der Verfasser eines Geschichtswerkes die einzelnen historischen Ereignisse einbindet, ist dabei immer durch einen dieser kulturell vorgegebenen mythischen Archetypen der Narration vorstrukturiert: *„Was etwa Michelet in seiner großen Geschichte der Französischen Revolution als ein Drama romantischer Transzendenz aufbaute, strukturierte Tocqueville als ironische Tragödie."*[25]

Den vier archetypischen Handlungsstrukturen ordnet White ferner tropologische Vertextungsverfahren zu, mit Hilfe derer die singulären geschehenen Evidenzen innerhalb der historiographischen Narration zu ‚einer' Story verknotet werden, nämlich: Metapher, Metonymie, Synekdoche und Ironie. Diese wirken sich höchst unterschiedlich auf das Storyboard der Darstellungen aus: *„Ironie, Metonymie und Synekdoche sind Formen der Metapher, unterscheiden sich dennoch voneinander in der Art der Reduktion oder Integration, die sie auf der Ebene der wörtlichen Bedeutung herstellen, und durch das, was*

---

[22] Vgl. Vogeler G.: Rezension von: Howell, M. / Prevenier, W.: Werkstatt des Historikers. Eine Einführung in die historischen Methoden. Böhlau 2004. In: sehepunkte 6 (2006).
[23] Vgl. White, H.: „Metahistory. S.25f..
[24] Siehe White, H.: Der historische Text als literarisches Kunstwerk S.115.
[25] Siehe ebda. S. 105.

sie auf der bildlichen Ebene jeweils hervorheben wollen. Die Metapher ist wesentlich darstellend, die Metonymie reduktionistisch, die Synekdoche integrativ, die Ironie negatiorisch."[26] Insofern als somit der Historiker letztlich: „(…) *einen wesentlich poetischen Akt [vollzieht], der das historische Feld präfiguriert und den Bereich konstituiert, in dem er die besonderen Theorien entwickelt, die zeigen sollen, 'was wirklich geschehen ist' [Ranke].*"[27]

Zwar hat White diese poetologischen Kategorien vermittels der tonangebenden Historiker und Geschichtsphilosophen des 19.Jahrhunderts herausgearbeitet, doch betont er ihren transtemporalen Rang. Für ihn ist jeder Versuch, auf Grund von Tatsachen eine einheitlich-zusammenhängende Geschichte zu schreiben, mit einer Reihe metawissenschaftlicher Bestimmungen verkettet. Diese sind, ähnlich wie bei einem Roman, von einer limitierten Folge literarischer Mittel bedingt, die einwirken, wie der Historiker die Geschichtsdarstellung strukturiert. Die Unterarten dieser Kategorien können verschieden kombiniert sein - auch wenn sich einige wechselseitig separieren. Die übliche Kategorientafel der ‚natürlichen Verbündeten‘ sei der Vollständigkeit halber angegeben und entstammen (bis auf einige Ergänzungen) dem in der entsprechenden Sitzung gehaltenen Referat:

Rhetorische Figur (trope)	narrative Struktur	formale Schlussfolgerung	ideologische Implikation	Historiker	Philosoph
Metapher	Romanze	formativistisch	anarchistisch	Michelet	Nietzsche
Metonymie	Tragödie	mechanistisch	extrem	Tocqueville	Marx
Synekdoche	Komödie	organizistisch	konservativ	Ranke	Hegel
Ironie	Satire	kontextualistisch	liberal	Burckhardt	Croce

Anhand der vier Historiker zeigt White, dass es kein geschichtswissenschaftliches Wahrheitskriterium gibt: „*Es ist (…) unzulässig zu sagen, Michelets Geschichtsauffassung sei durch die ‚wissenschaftlichere‘ oder ‚empirischere‘ oder ‚realistischere‘ Konzeption Rankes widerlegt oder überwunden worden; oder das Werk Rankes sei durch das noch ‚wissenschaftlichere‘ oder ‚realistischere‘ Werk Tocquevilles gegenstandslos geworden; oder daß alle drei vom ‚Realismus‘ Burckhardts in den Schatten gestellt würden. Ebensowenig ist es mit irgendeiner theoretischen Gewißheit möglich zu sagen, daß Marx‘ Geschichtsidee ‚wissenschaftlicher‘ sei als die Hegels, oder daß Nietzsche in seinen Überlegungen zum*

---

[26] Siehe White, H.: Metahistory. S.134.
[27] Siehe ebda. S. 11.

Geschichtsbewußtsein mehr ,Tiefe' beweise als jene beiden."[28] In keinem dieser Fälle lässt White einen Vergleich zu, der auf einen Progress in geschichtlichen Erkenntnisbemühungen oder auf eine größere Dichte der Objektivität aufbaut.

Denn für ihn ist auch die aktuelle Geschichtsschreibung von einem inhärenten Skeptizismus infiziert, der als wissenschaftliches Fingerspitzengefühl und Empirismus gilt und daher leicht anfällig ist für ,extremistische' Denker wie Malraux, Yeats, Joyce, Spengler, Toynbee, Wells, Jaspers, Heidegger, Sartre, Benjamin, Foucault, Lukács und eine Menge anderer, von denen jeder seine eigenen Erklärungsstrategien und seine ideologischen Implikationen hat, die ihn einzigartig machen.[29]

Und wenn es nun darum gehe – so White – zwischen diesen optionalen Geschichtsauffassungen und Weltanschauungen zu wählen, so sind die einzigen Motive, eine zu präferieren, vordeterminiert: *„Sofern unter diesen Betrachtungsweisen der Geschichte gewählt werden soll, sind die alleinigen Kriterien für die Bevorzugung einer vor den anderen moralischer oder ästhetischer Natur."*[30] Da diese Sachlage aber in fast hartnäckiger Sturheit nicht erkannt würde, müssten sich Historiker immer wieder damit auseinandersetzen, was ,Geschichte' eigentlich sei und wie man sie schreiben könne, da hier das Unvermögen der Disziplin, sich über den grundlegenden Gegenstand ihrer selbst klar zu werden, ganz deutlich zu Tage träte: *„Es ist jedoch schwierig, eine objektive Geschichte einer Forschungsdisziplin zu erhalten, da der Geschichtsschreiber, ist er selbst in dieser Disziplin tätig, meist Anhänger der einen oder anderen ihrer Schulen und von daher voreingenommen ist; (…)."*[31] Deshalb bestehe auch keine essentielle Verschiedenheit zwischen Geschichtswissenschaft und Geschichtsphilosophie, denn man könne zwar mittels philologischer Beschäftigung mit den Quellen Gegebenheiten ermitteln, aber jede Verbindung zu einer systematischen Darstellung werde von ästhetischen und moralischen, nicht aber von wissenschaftlichen Denkarten bestimmt. Zugleich ließen sich in der Geschichtsschreibung Form und Inhalt nicht trennen, denn nach White steht Geschichtsschreibern eine limitierte Anzahl rhetorischer Möglichkeiten zur Verfügung, die die Form und bis zu einem gewissen Grade auch den Inhalt der Darstellung prädestinieren: *„Im allgemeinen"*, schreibt White, *„haben [Literaturtheoretiker] eine gewisse Abneigung gezeigt, historische Erzählungen als das anzusehen, was sie am offensichtlichsten sind: sprachliche Fiktionen [verbal fictions], deren Inhalt ebenso erfunden wie vorgefunden ist und deren Form mit ihren Gegenstücken in der*

---

[28] Siehe ebda. S. 561.
[29] Siehe ebda. S. 433.
[30] Siehe ebda S. 463.
[31] Siehe White, H.: Der historische Text als literarisches Kunstwerk. S.101.

11

Literatur mehr gemeinsam haben als mit denen in den Wissenschaften."[32] Diese Anschauung, dass jede historische Darstellung Erfindung sei, geht weit über die Überlegungen von Thukydides über Gustav Droysen bis Barbara Tuchman hinaus, die die literarischen Dispositionen der überlieferten Darstellung erkannt, aber nicht bezweifelt (dass sie zugleich Einsichten in menschliche Wirklichkeiten bietet) oder gar beanstandet (dass sie unzeitgemäß sind) haben. Es besteht deshalb ein Unterschied zwischen einer Behauptung, die der geschichtlichen Darstellung jeden Wirklichkeitsanspruch desavouiert, und einer Geschichtsschreibung, der die Komplexität epochaler Einsicht voll bewusst ist, die aber doch davon ausgeht, dass wirkliche Menschen wirkliche Gedanken und Gefühle hatten, die zu wirklichen Handlungen geführt haben, die historisch erkannt und dargestellt werden können: *„Auch für Ranke war Geschichte zugleich Wissenschaft und Kunst. Er vertiefte sich in die Gedanken und Gefühle seiner Hauptakteure, wenn er es unternahm, sie mit von den Quellen geleiteter Einbildungskraft zu rekonstruieren. Aber ihm wie den Historikern allgemein - z. B. auch Thukydides, als er die Reden der griechischen Staatsmänner rekonstruierte - diente die Einbildungskraft dazu, der wirklichen Vergangenheit näher zu kommen."*[33] Nicht aber Wahrheit ist für White das Ziel einer sprachlichen Rekonstruktion der Vergangenheit, sondern eine bedeutungsvolle Erzählung. Und für einen solchen Text sind die Absichten des Autors irrelevant.

Hier sei noch einmal zwischen der theoretischen Diskussion und der Praxis historischer Forschung differenziert: Die ansteigende Betonung der Rolle der Sprache und damit verbunden, der semiotischen Aufgabe der Geschichtsschreibung, bedeutet, dass die Auffassungen von geschichtlicher Wahrheit und von menschlicher Intentionalität viel komplexer und unübersichtlicher werden, nicht aber, dass sie abhanden kommen. So betont die neue Kulturgeschichte in einem viel höheren Grad die Rolle der tätigen Menschen - und ihre Einwirkung auf die Strukturen, in deren Rahmen die Handlungen vonstatten gehen - als es die älteren Formen der Sozialgeschichte mit ihrer Betonung der Strukturen je getan hatten. Und trotz der deterministischen Perspektiven der Kulturanthropologie, wie sie in Frankreich in einer altertümlicheren Form von Durkheim und Lévi-Strauss, in Amerika in den letzten Jahren von Geertz und Darnton repräsentiert worden ist, führt der neue kulturelle und linguistische Anbruch meist zu dem Experiment, mit dem Determinismus älterer

---

[32] Zitiert nach Iggers, G. G.: Die 'linguistische Wende'. Das Ende der Geschichte als Wissenschaft? In: Geschichtswissenschaft im 20. Jahrhundert - ein kritischer Überblick im internationalen Zusammenhang. Göttingen 1996. S.87-96. S.89.
[33] Zitiert nach ebda. S. 95.

sozialwissenschaftlicher Traditionen - seien sie von Marx oder seien sie von den im Seminar besprochenen Annales geprägt - zu brechen.

VI. White und Ricoeur

White und Ricoeur untersuchen beide die Gestaltungen und Funktionen von Narrationen und deren Bewandtnis zur Praxis des historischen Arbeitens, wobei ein besonderer Akzent auf der Erfassung von Transformationsprozessen liegt, im Rahmen derer aus primären Quelleninterpretationen in der Folge wissenschaftliche Geschichtsschreibung wird.

Ricoeur definiert die Referenz eines Textes als ‚Universalien', die nichts mit fest definierten oder festgelegten Formen zu tun haben, sondern mit dem Alltagswissen, und temporär nicht als geradlinige oder lineare Dimensionen der Vergangenheit und der Zukunft gedacht werden sollen, sondern als ‚originary temporality'. Diese Form der universellen, selbstverständlichen und natürlichen Zeitlichkeit ist das, was nach Ricoeur aus singulären Begebenheiten ‚Geschichte' macht. White bezieht sich auf Ricoeur, indem er für die erklärende Darstellung der Historie jene ‚imaginäre' Form betont, die eine umfassende menschliche Wahrheit hervorbringt. Historische und fiktionale Erzählung gehören für ihn zu ein und derselben Klasse der verbalen Fiktionen an.

Nach Ricoeur ist Whites Unternehmen ein dynamischer Strukturalismus, der von der produktiven Verbindung zwischen Kreativität und Kodifizierung eines Systems von zugleich gefundenen und erfundenen Regeln (für das Schaffen des Stils) gekennzeichnet ist. Ricoeur's Kritik wendet sich aber dagegen, dass es bei White keine klare Linie zwischen fiktionaler und historischer Erzählung geben soll. White bezeichnet die Operationen der Fabelkomposition als erklärende Modi, behauptet aber gleichzeitig, dass sie keine Bedeutung für die Wissenschaftlichkeit historischer Erkenntnis haben und im schlimmsten Fall diese ersetzen. Das referentielle Moment wurde bei White nicht bearbeitet. Ricoeur sagt: In der narrativen Form als solcher wird der Grund für das referentielle Streben nie zu finden sein, denn dazu müsse man alle drei Phasen des historischen Diskurses bearbeiten – und genau dieses habe White nicht gemacht. Für Ricoeur allerdings, ist Geschichte überhaupt nur eine Schilderung, die Ereignisse und Fakten in einen konstruierten Zusammenhang in möglichst chronologischer Abfolge bringt. Alles historische Wissen artikuliere sich daher in Form von Erzählung; Geschichte schaffe sich erzählend selbst. Doch vor der radikalen Schlussfolgerung Hayden Whites scheut er zurück, wenn er schreibt: *„Das heißt natürlich nicht, dass*

Geschichte beliebig konstruiert wäre. Die narrative Konstruktion ist an Empirie gebunden und von ihr korrigiert (...)"[34]

VII. Resümee

Die moderne Geschichtswissenschaft plagen Selbstzweifel – schuld daran ist die postmoderne Provokation, die mit unangenehmen Fragen bezüglich traditioneller wissenschaftlicher Methoden die alteuropäische Selbstgewissheit zerstörte. Im Falle der Geschichtsschreibung ist Hayden White derjenige, der mit seinem Hauptwerk „Metahistory" selbige einfach dem fiktional-literarischen Genre zuschlug. Damit verbunden ist das Postulat, dass, wenn sowieso ‚nur' Literatur produziert würde, man sie ebenso gut auch spannend und anschaulich gestalten könne.[35] Das natürlich bedingt den Vorwurf, den Begriff einer historischen Wahrheit auszuschließen; zumal ja White ebenso postuliert, dass mit einer gegebenen Faktenlage unterschiedlich erzählt werden könne: : *„So ist zum Beispiel kein historisches Ereignis an sich tragisch; man kann es nur so sehen aus einer Perspektive oder einem Kontext einer strukturierten Folge von Ereignissen her, innerhalb derer es als Element einen herausragenden Platz einnimmt. Denn was sich in der Geschichtsschreibung aus der einen Perspektive als tragisch ausnimmt, stellt sich aus der anderen Perspektive als komisch dar(...)."*[36]

Betreibt man Geschichte narrativ, unterlegt man, so White, den Ereignissen notwendigerweise eine Plotstruktur, die diverse und singuläre Fakten zu einer ‚sinnvollen' Geschichte zusammenpuzzelt. Durch diese Strukturierung werden die Fakten mit einer Bedeutung versehen, die sie nicht immanent besitzen und die ihnen auch nicht als historischen Daten zukommt, sondern eben als Elemente einer strukturierten Erzählung. Berichtet man ein historisches Erlebnis, interpretiert man es notwendig durch die Art und Weise, in der man seine Erzählelemente gestaltet.

White wollte nun mit seinem Buch ideelle und mentale Anregungen zur Geschichtswissenschaft selbst und ihrer paradigmatischen Basis liefern. Letztendlich sollte es darum gehen, aufzuspüren, was das Herz der Geschichtswissenschaft ist und wie man mit ihm verfahren muss; kurz: Wie ist historische Erkenntnis eigentlich möglich und wie konstituiert sie sich? Dies ist eine der ältesten und am meisten diskutierten Fragen der

---

[34] Zitiert nach Botz, G.: „Geschichte wurde Legende, Legende wurde Mythos..." Philosophia Magistra Historiae? In: Die Presse (Spectrum) (03/ 2005) S.1-11. S.8.
[35] Der Historiker Theodor Mommsen erhielt ja auch den Nobelpreis für Literatur.
[36] Siehe White, H.: Der historische Text als Literarisches Kunstwerk. S.128.

14

Geschichtswissenschaft und freilich war Hayden White nicht der einzige Gewährsmann, der sie stellte - seine Radikalität macht ihn nachträglich jedoch mit zu dem Bedeutendsten.

VIII. Literaturverzeichnis

Primärliteratur

White, Hayden; „Auch Klio dichtet oder die Fiktion des Faktischen"; Stuttgart 1986.

White, Hayden; „Metahistory. Die Historische Einbildungskraft im 19. Jahrhundert in Europa"; Frankfurt 1994

White, Hayden; „Der historische Text als literarisches Kunstwerk" aus „Geschichte schreiben in der Postmoderne" Hrsg.: Christoph Conrad & Martina Kessel; Stuttgart 1994

White, H.: Tropics of Discourse: Essays in Cultural Criticism. Baltimore 1978.

Sekundärliteratur

Botz, G.: „Geschichte wurde Legende, Legende wurde Mythos..." Philosophia Magistra Historiae? In: Die Presse (Spectrum), (03/2005) S.1-11.

Huber, J.: Geschichte als Literatur. In: heureka! 3/99 S. 34-36.

Iggers, G. G.: Die "linguistische Wende". Das Ende der Geschichte als Wissenschaft? In: Geschichtswissenschaft im 20. Jahrhundert - ein kritischer Überblick im internationalen Zusammenhang. Göttingen 1996. S.87-96.

Vogeler G.: Rezension von: Howell, M. / Prevenier, W.: Werkstatt des Historikers. Eine Einführung in die historischen Methoden. Böhlau 2004. In: sehepunkte 6 (2006).

Lightning Source UK Ltd.
Milton Keynes UK
UKRC012010170719
346363UK00001B/4